AF234492

Impressum
Verlag: BABADADA GmbH, Nedderfeld 112 , 22529 Hamburg
Geschäftsführer / Verlagsleitung: Harald Hof
Druck: Books on Demand GmbH, In de Tarpen 42, 22848 Norderstedt

Imprint
Publisher: BABADADA GmbH, Nedderfeld 112 , 22529 Hamburg, Germany
Managing Director / Publishing direction: Harald Hof
Print: Books on Demand GmbH, In de Tarpen 42, 22848 Norderstedt, Germany

la escuela

школа

dividir
дзяліць

186/2

la pizarra
дошка

el aula
класны пакой

el patio
школьны двор

el maestro/a
настаўнік

el papel
папера

el bolígrafo
ручка

el escritoria
пісьмовы стол

la regla
лінейка

escribir
пісаць

el libro
кніга

el alumno/a
вучань

la cartera

ранец

la caja de lápices

пенал

el lápiz

просты аловак

el sacapuntas

тачылка для алоўкаў

la goma de borrar

гумка

el cuaderno de dibujo

альбом для малявання

el dibujo

малюнак

el pincel

пэндзлік

la caja de pinturas

фарбы

las tijeras

нажніцы

el pegamento

клей

el cuaderno de ejercicios

сшытак

los deberes

хатняе заданне

el número

лік

sumar

дадаваць

restar

адымаць

multiplicar

множыць

calcular

лічыць

la letra

літара

el alfabeto

алфавіт

la palabra

слова

el texto

тэкст

leer

чытаць

la tiza

крэйда

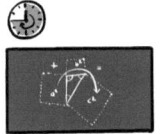

la lección

ўрок

el cuaderno de notas

класны журнал

el examen

экзамен

el certificado

атэстат

el uniforme

школьная форма

la educación

адукацыя

la enciclopedia

энцыклапедыя

la universidad

універсітэт

el microscopio

мікраскоп

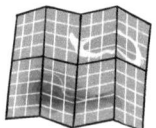

el mapa

карта

la papelera

смеццевы кошык

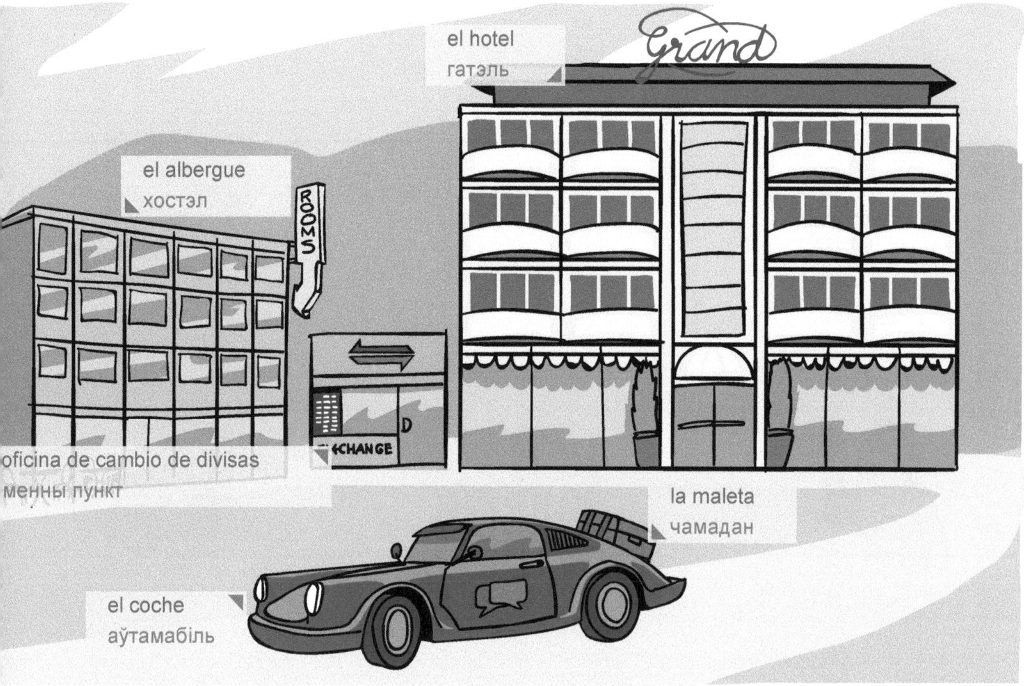

el hotel
гатэль

el albergue
хостэл

oficina de cambio de divisas
менны пункт

la maleta
чамадан

el coche
аўтамабіль

el idioma
мова

sí / no
так / не

Vale
добра

hola
прывітанне!

el traductor
перекладчык

Gracias
дзякуй

¿cuánto es...?

Колькі каштуе....?

No entiendo

я не разумею

el problema

праблема

¡Buenas tardes!

Добры вечар!

¡Buenos días!

Добрай раніцы!

¡Buenas noches!

Дабранач!

adiós

да пабачэння

la dirección

кірунак

el equipaje

багаж

la bolsa

сумка

la mochila

заплечнік

el invitado

госць

la habitación

пакой

el saco de dormir

спальны мяшок

la tienda de campaña

палатка

la información turística
інфармацыя для турыстаў

la playa
пляж

la tarjeta de crédito
крэдытная картка

el desayuno
снеданне

el almuerzo
абед

la cena
вячэра

el billete
праязны білет

el ascensor
ліфт

el sello
паштовая марка

la frontera
мяжа

la aduana
мытня

la embajada
пасольства

la visa
віза

el pasaporte
пашпарт

el transporte

транспарт

el avión
самалёт

el barco
карабель

el coche de bomberos
пажарная машына

el autobús
аўтобус

el camión
грузавік

la lancha a motor
маторная лодка

la bicicleta
ровар

el coche
аўтамабіль

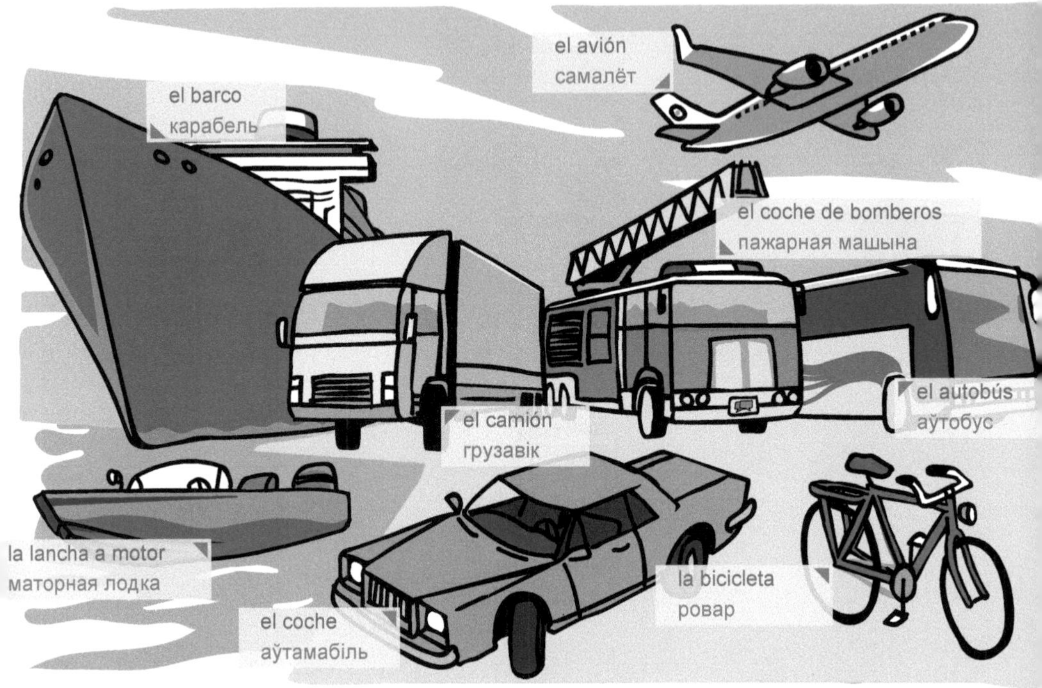

el transbordador

паром

la barca

лодка

la moto

матацыкл

el coche de policía

паліцэйская машына

el coche de carreras

гоначны аўтамабіль

el coche de alquiler

арэндаваны аўтамабіль

8

el transporte - транспарт

el préstamo de vehículos

сумеснае карыстанне аўтамабілем

la grúa

эвакуатар

el camión de la basura

смеццявоз

el motor

матор

la gasolina

паліва

la gasolinera

запраўка

la señal de tráfico

дарожны знак

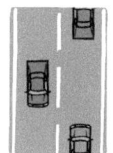

el tráfico

дарожны рух

el atasco

затор

el aparcamiento

паркоўка

la estación de tren

чыгуначная станцыя

las vías

рэйкі

el tren

цягнік

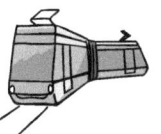

el tranvía

трамвай

el vagón

вагон

el helicóptero

верталёт

el aeropuerto

аэрапорт

la torre

вежа

el pasajero

пасажыр

el contenedor

кантэйнер

la caja de cartón

кардонная скрыня

la carretilla

тачка

la cesta

карзіна

despegar / aterrizar

ўзлятаць / прызямляцца

la ciudad

горад

el pueblo

вёска

el centro de la ciudad

цэнтр горада

la casa

дом

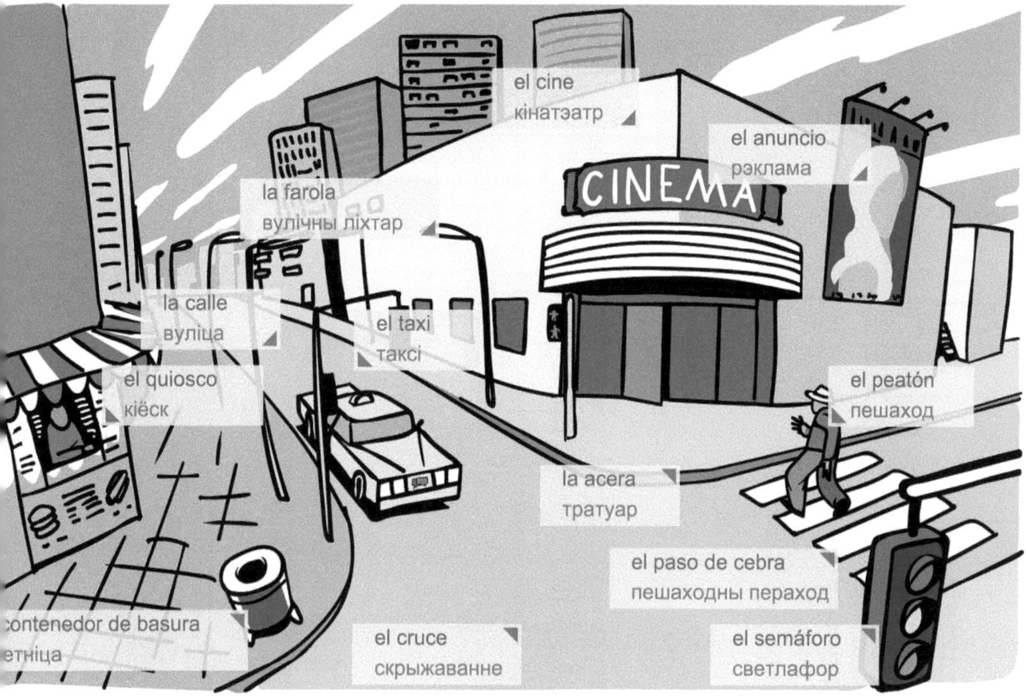

el cine
кінатэатр

el anuncio
рэклама

la farola
вулічны ліхтар

CINEMA

la calle
вуліца

el taxi
таксі

el peatón
пешаход

el quiosco
кіёск

la acera
тратуар

el paso de cebra
пешаходны пераход

contenedor de basura
етніца

el cruce
скрыжаванне

el semáforo
светлафор

la cabaña
халупа

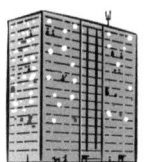

el apartamento
кватэра

la estación de tren
чыгуначная станцыя

el ayuntamiento
ратуша

el museo
музей

la escuela
школа

la universidad

універсітэт

el banco

банк

el hospital

шпіталь

el hotel

гатэль

la farmacia

аптэка

la oficina

офіс

la librería

кнігарня

la tienda de campaña

крама

la floristería

кветкавая крама

el supermercado

супермаркет

el mercado

кірмаш

los grandes almacenes

універмаг

la pescadería

рыбная крама

el centro comercial

гандлевы цэнтр

el puerto

порт

el parque

парк

el banco

лава

el puente

мост

las escaleras

лесвіца

el metro

метро

el túnel

тунэль

la parada de autobús

прыпынак

el bar

бар

el restaurante

рэстаран

el buzón

паштовая скрыня

el poste indicador

вулічны паказальнік

el parquímetro

паркамат

el zoo

заапарк

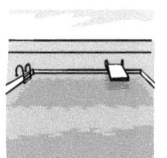

la piscina

басейн

la mezquita

мячэць

la granja

сядзіба

la contaminación

забруджванне
навакольнага асяроддзя

el cementerio

могілкі

la iglesia

царква

el patio de juego

пляцоўка для гульні

el templo

храм

el paisaje
краявід

la hoja
ліст

la señal
паказальнік

el camino
дарога

el prado
луг

la piedra
камень

el árbol
дрэва

el excursionista
падарожнік

el río
рака

la hierba
трава

la flor
кветка

el valle

даліна

la colina

гара

el lago

возера

el bosque

лес

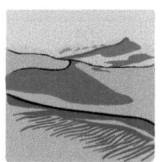

el desierto

пустыня

el volcán

вулкан

el castillo

замак

el arcoíris

вясёлка

el champiñón

грыб

la palmera

пальма

el mosquito

камар

la mosca

муха

la hormiga

мурашка

la abeja

пчала

la araña

павук

el escarabajo

жук

la rana

жаба

la ardilla

вавёрка

el erizo

вожык

la liebre

заяц

la lechuza

сава

el pájaro

птушка

el cisne

лебедзь

el jabalí

дзік

el ciervo

алень

el alce

лось

la presa

плаціна

la turbina eólica

вятрак

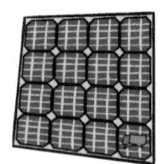

el panel solar

сонечная батарэя

el clima

клімат

el restaurante
рэстаран

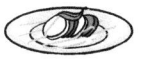

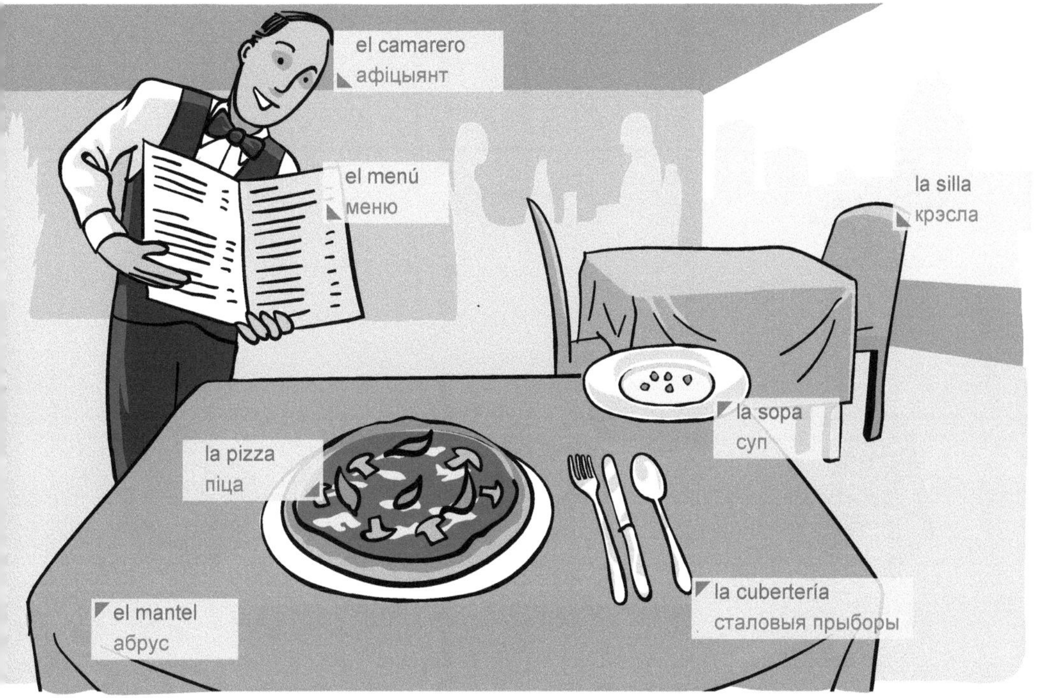
el camarero
афіцыянт
el menú
меню
la silla
крэсла
la sopa
суп
la pizza
піца
la cubertería
сталовыя прыборы
el mantel
абрус

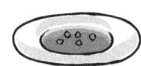

el primer plato
закуска

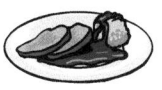

el plato principal
другая страва

el postre
дэсерт

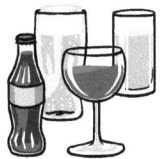

las bebidas
напоі

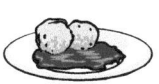

la comida
ежа

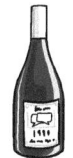

la botella
бутэлька

la comida rápida

хуткае харчаванне (фаст-фуд)

la comida callejera

стрыт-фуд

la tetera

імбрык (чайнік)

el azucarero

цукарніца

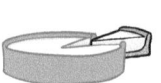

la porción

порцыя

la cafetera expreso

эспрэса-машына

la trona

дзіцячае крэселка

la cuenta

рахунак

la bandeja

паднос

el cuchillo

нож

el tenedor

відэлец

la cuchara

лыжка

la cucharilla

чайная лыжка

la servilleta

сурвэтка

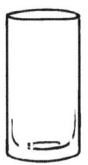

el vaso

шклянка

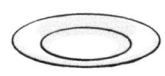

el plato

талерка

el plato hondo

супавая талерка

el platillo

сподак

la salsa

соус

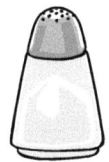

el salero

сальніца

el molinillo de pimienta

млынок для перцу

el vinagre

воцат

el aceite

алей

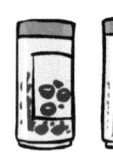

las especias

спецыі

el ketchup

кетчуп

la mostaza

гарчыца

la mayonesa

маянэз

el supermercado
супермаркет

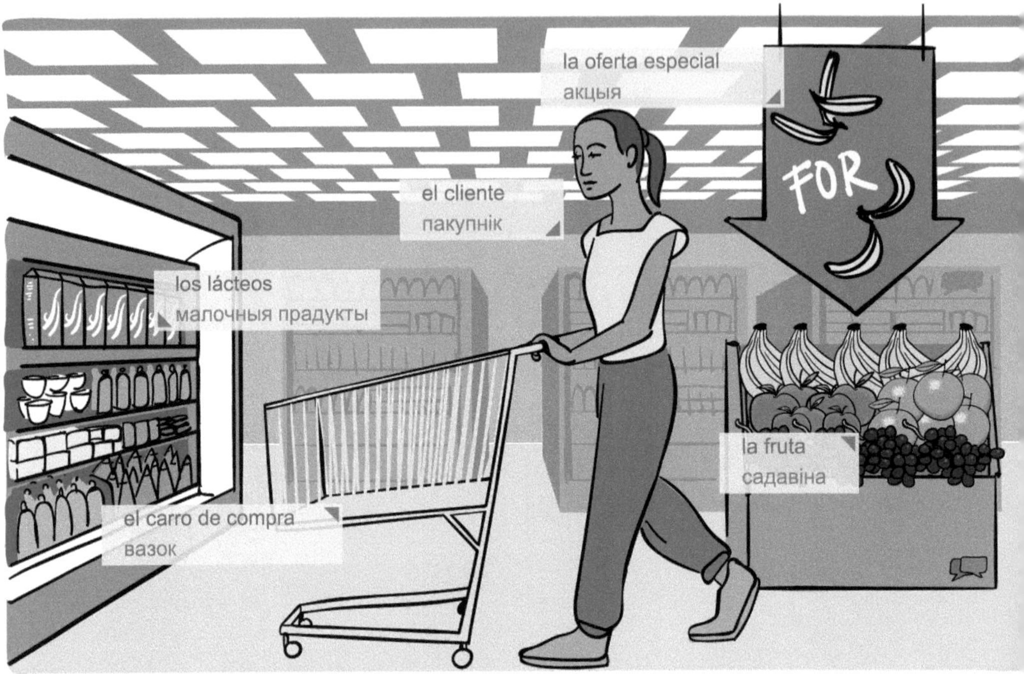

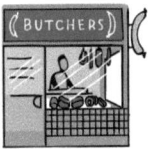

la oferta especial
акцыя
FOR
el cliente
пакупнік
los lácteos
малочныя прадукты
la fruta
садавіна
el carro de compra
вазок

BUTCHERS

la carniceria

мясная крама

BAKERY

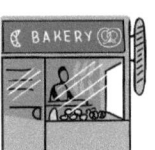

la panadería

хлебны магазін

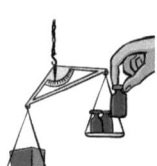

pesar

важыць

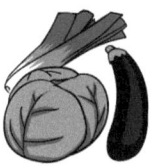

las verduras

гародніна

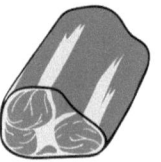

la carne

мяса

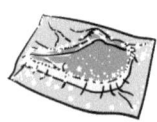

los alimentos congelados

свежазамарожаныя прадукты

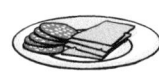

los fiambres

нарэзка

las conservas

кансервы

el detergente en polvo

пральны парашок

los dulces

прысмакі

productos de uso doméstico

хатнія прылады

productos de limpieza

чысцячы сродак

la vendedora

прадавец

la caja de cartón

каса

el cajero

касір

la lista de la compra

спіс пакупак

el horario de atención al público

гадзіны працы

la cartera

бумажнік

la tarjeta de crédito

крэдытная картка

la bolsa de plástico

сумка

la bolsa de plástico

пакет

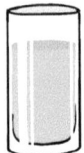

el agua

вада

el zumo

сок

la leche

малако

la cola

кола

el vino

віно

la cerveza

піва

el alcohol

алкаголь

el cacao

какава

el té

гарбата (чай)

el café

кава

el expreso

эспрэса

el capuchino

капучына

el plátano

банан

la manzana

яблык

la naranja

апельсін

el melón

дыня

el limón

лімон

la zanahoria

морква

el ajo

часнок

el bambú

бамбук

la cebolla

цыбуля

el champiñón

грыб

las avellanas

арэхі

los fideos

локшына

las espagueti

спагеці

el arroz

рыс

la ensalada

салата

las patatas fritas

бульба фры

las patatas fritas

смажаная бульба

la pizza

піца

la hamburguesa

гамбургер

el sándwich

бутэрброд

el filete

шніцаль

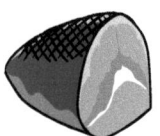

el jamón

вяндліна

le salami

салямі

la salchicha

каўбаса

el pollo

курыца

el asado

смажаніна

el pescado

рыбак

los copos de avena

аўсяныя камякі

el muesli

мюслі

los copos de maíz

кукурузныя шmaткі

la harina

мука

el cruasán

круасан

el panecillo

булачка

el pan

хлеб

la tostada

тост

las galletas

пячэнне

la mantequilla

масла

la cuajada

тварог

el pastel

пірог

el huevo

яйка

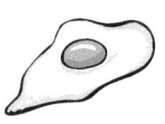

el huevo frito

яечня

el queso

сыр

el helado

марожанае

el azúcar

цукар

la miel

мёд

la mermelada

варэнне

la crema de turrón

нуга

el curry

кары

la granja
сядзіба

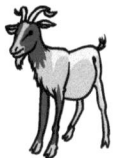

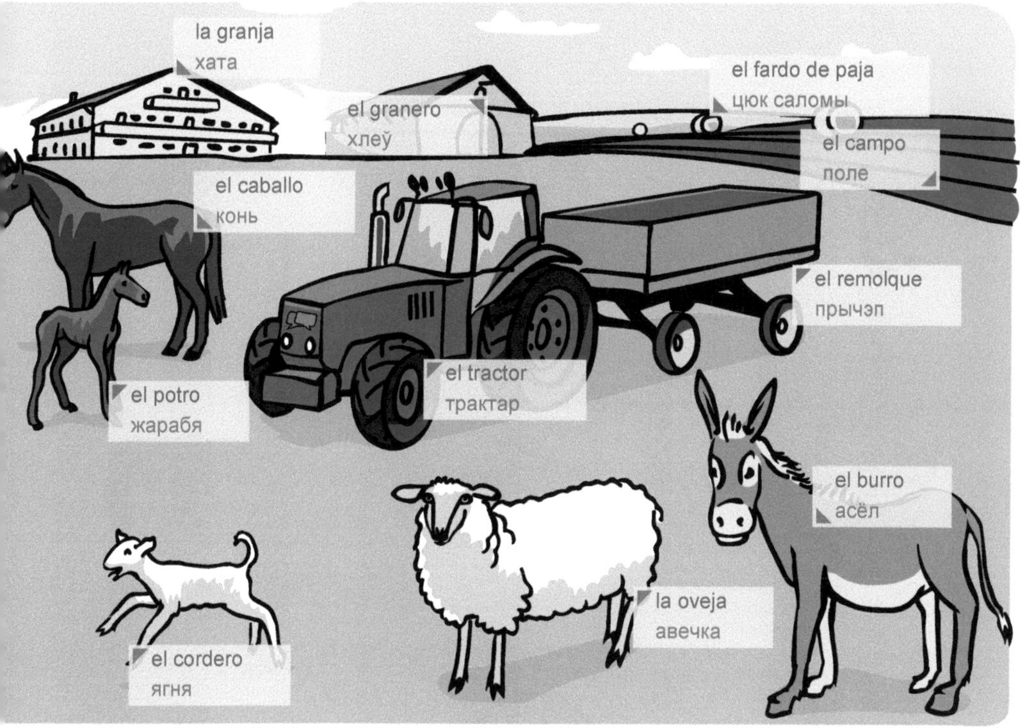
la granja
хата
el granero
хлеў
el fardo de paja
цюк саломы
el campo
поле
el caballo
конь
el remolque
прычэп
el tractor
трактар
el potro
жарабя
el burro
асёл
la oveja
авечка
el cordero
ягня

la cabra
каза

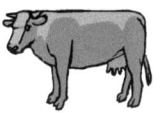

la vaca
карова

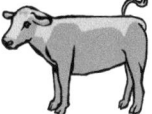

el ternero
цяля

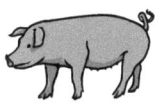

el cerdo
свіння

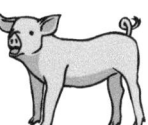

el cerdito
парася

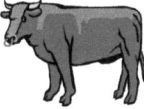

el toro
бык

el ganso

гусак

el pato

качка

el pollo

кураня

la gallina

курыца

el gallo

певень

la rata

пацук

el gato

кот

el ratón

мыш

el buey

вол

el perro

сабака

la perrera

сабачая будка

la manguera

садовы шланг

la regadera

палівачка

la guadaña

каса

el arado

плуг

la hoz

серп

la azada

матыка

la horca

вілы для гною

el hacha

сякера

la carretilla

тачка

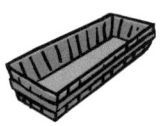

el abrevadero

карыта

la lechera

бітон для малака

el saco

мех

la valla

плот

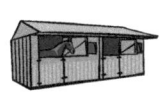

el establo

хлеў

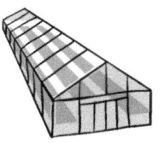

el invernadero

цяпліца

el suelo

глеба

la semilla

насенне

el fertilizador

угнаенне

la cosechadora

камбайн

cosechar

збіраць ураджай

la cosecha

ураджай

el ñame

ямс

el trigo

пшаніца

el soja

соя

la patata

бульба

el maíz

кукуруза

la semilla de colza

рапс

el árbol frutal

садовае дрэва

la mandioca

маніёк

las cereales

збожжа

la casa
дом

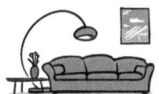

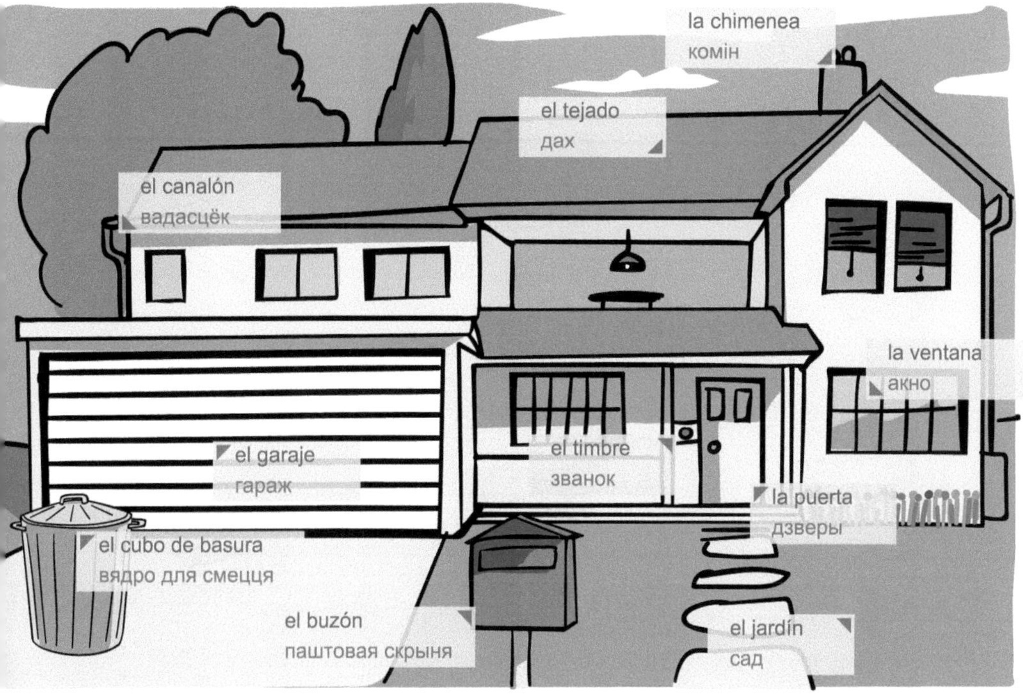
la chimenea
комін
el tejado
дах
el canalón
вадасцёк
la ventana
акно
el timbre
званок
el garaje
гараж
la puerta
дзверы
el cubo de basura
вядро для смецця
el buzón
паштовая скрыня
el jardín
сад

la sala
....
жылы пакой

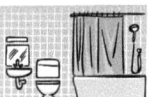

el cuarto de baño
....
ванная

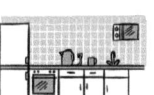

la cocina
....
кухня

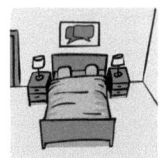

el dormitorio
....
спальны пакой

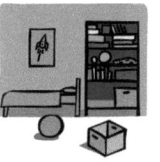

la habitación de los niños
....
дзіцячы пакой

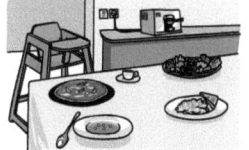

el comedor
....
сталоўка

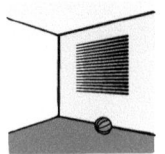

el suelo

падлога

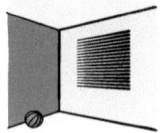

la pared

сцяна

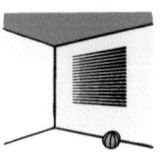

el techo

столь

el sótano

падвал

la sauna

саўна

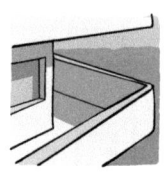

el balcón

балкон

la terraza

тэраса

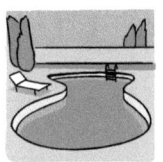

la piscina

басейн

el cortacésped

касілка

la sábana

падкоўдранік

la colcha

коўдра

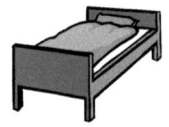

la cama

ложак

la escoba

венік

el balde

вядро

el interruptor

выключальнік

la sala
жылы пакой

el papel pintado
шпалеры
la imagen
малюнак
la lámpara
лямпа
el estante
паліца
el armario
шафа
la televisión
тэлевізар
la chimenea
камін
la flor
кветка
el cojín
падушка
el sofá
канапа
el jarrón
ваза
el mando a distancia
пульт

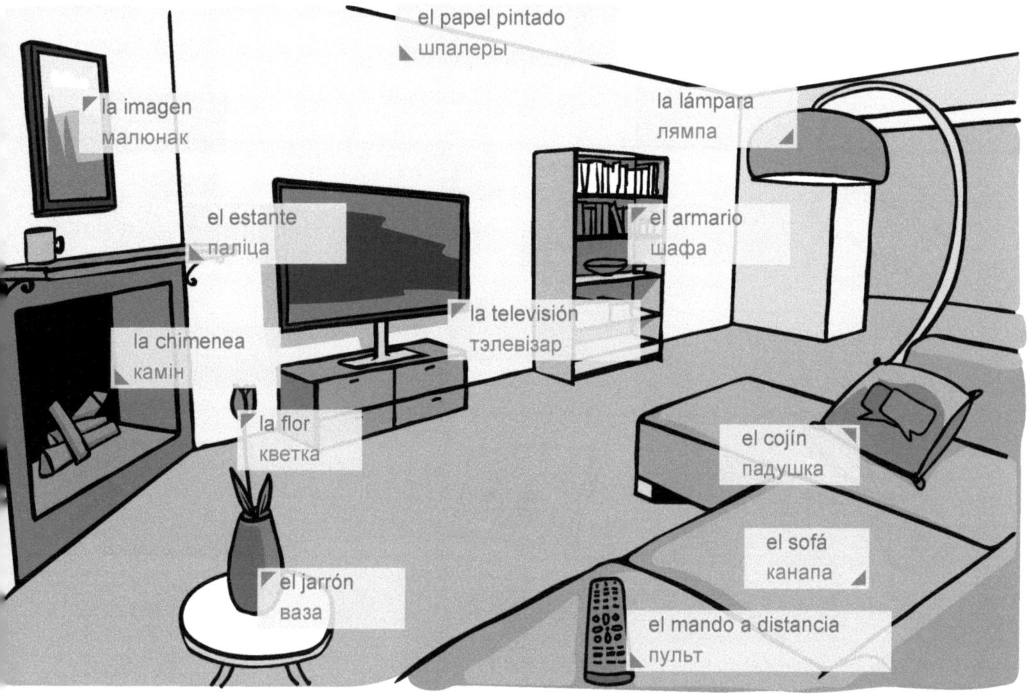

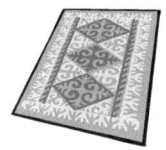

la alfombra

дыван

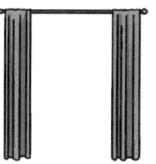

la cortina

фіранка

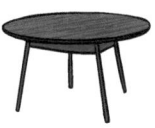

la mesa

стол

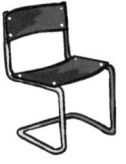

la silla

крэсла

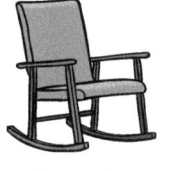

el mecedora

крэсла-качалка

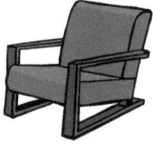

la butaca

крэсла

el libro

кніга

la manta

коўдра

la decoración

дэкарацыя

la leña

дровы

la película

кіно

el equipo de música

стэрэасістэма

la llave

ключ

el periódico

газета

la pintura

карціна

el póster

постар

la radio

радыё

el cuaderno

нататнік

la aspiradora

пыласос

el cactus

кактус

la vela

свечка

la cocina

кухня

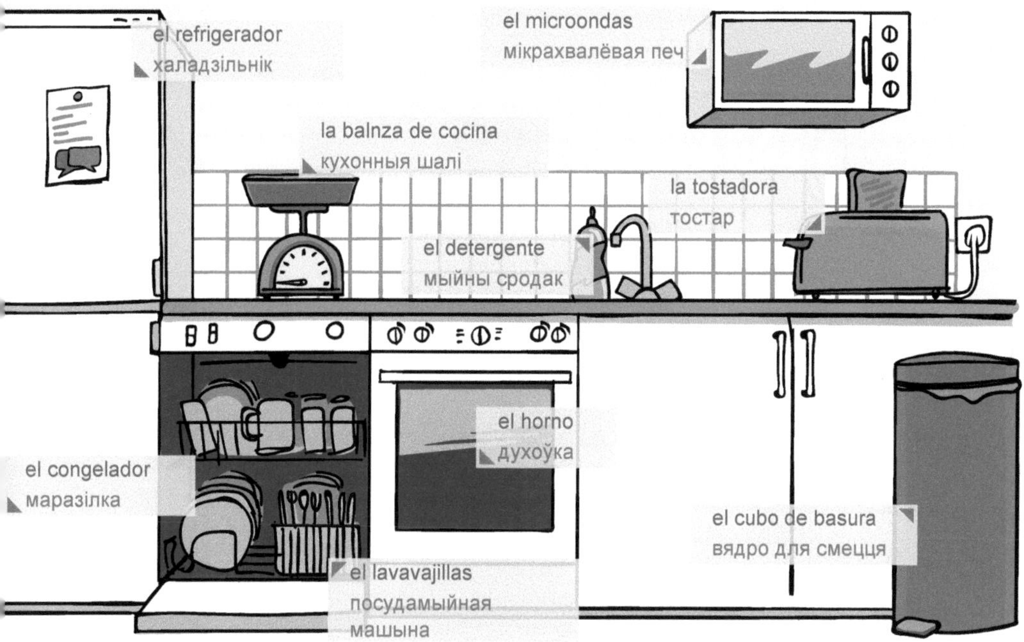
el refrigerador
халадзільнік
el microondas
мікрахвалёвая печ
la balnza de cocina
кухонныя шалі
la tostadora
тостар
el detergente
мыйны сродак
el horno
духоўка
el congelador
маразілка
el cubo de basura
вядро для смецця
el lavavajillas
посудамыйная машына

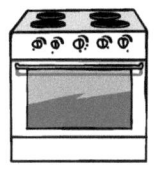

la olla a presión

пліта

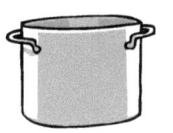

la olla

рондаль

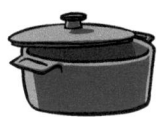

la olla de hierro fundido

чыгунок

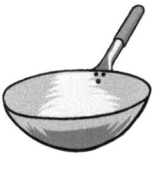

el wok

Вок / кадаі

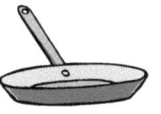

la cazuela

патэльня

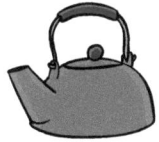

el hervidor

чайнік

la vaporera

параварка

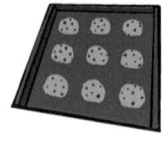

la chapa de horno

бляха

la vajilla

посуд

la taza

кубак

el tazón

міска

los palillos

палачкі для ежы

el cucharón

чарпак

la espumadera

лапатачка

el batidor

збівалка

el colador

сіта для варэння

el cedazo

сіта

el rallador

тарка

el mortero

ступка

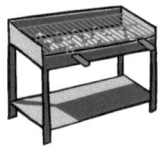

la barbacoa

грыль

la hoguera

вогнішча

la tabla de picar

дошка

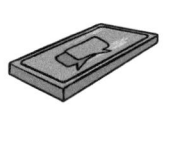

el rodillo

качалка

el sacacorchos

штопар

la lata

бляшанка

el abrelatas

адкрывалка

el agarrador

прыхваткі

el lavabo

ракавіна

el cepillo

шчотка

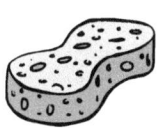

la esponja

губка

la batidora

міксер

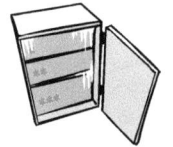

el congelador

маразільная камера

el biberón

бутэлечка

el grifo

вадаправодны кран

el cuarto de baño
ванная

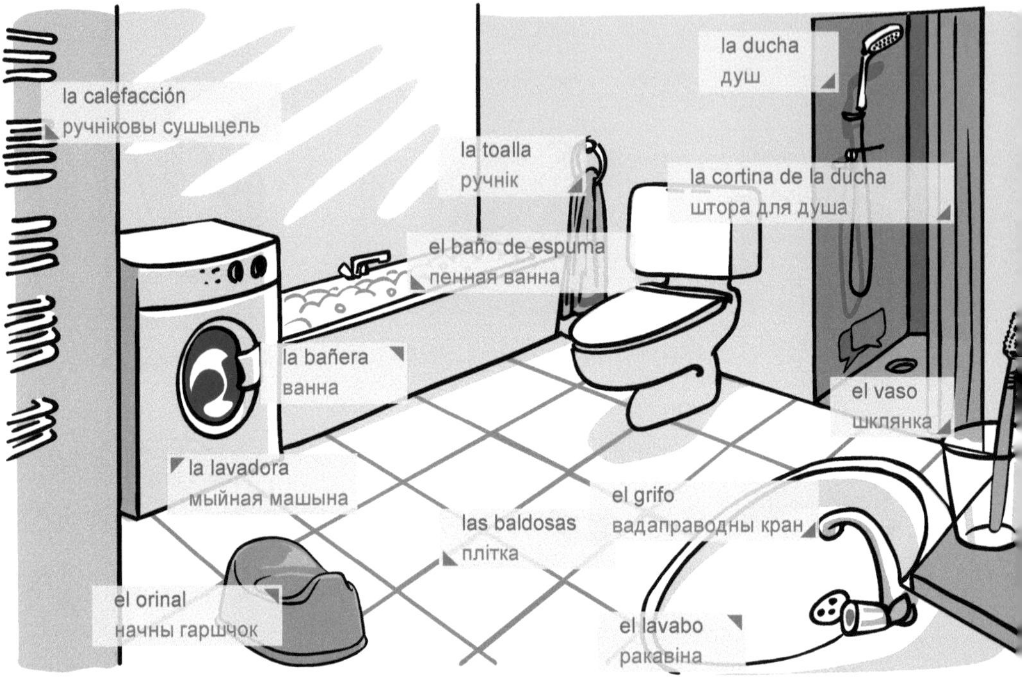

la ducha
душ

la calefacción
ручніковы сушыцель

la toalla
ручнік

la cortina de la ducha
штора для душа

el baño de espuma
пенная ванна

la bañera
ванна

el vaso
шклянка

la lavadora
мыйная машына

las baldosas
плітка

el grifo
вадаправодны кран

el orinal
начны гаршчок

el lavabo
ракавіна

el inodoro
....
туалет

el inodoro rústico
....
падлогавы ўнітаз

el bidé
....
бідэ

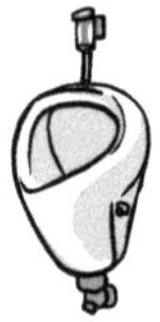

el urinario
....
пісуар

el papel higiénico
....
туалетная папера

la escobilla del váter
....
шчотка для чысткі ўнітаза

el cepillo de dientes

зубная шчотка

la pasta de dientes

зубная паста

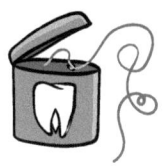

el hilo dental

зубная нітка

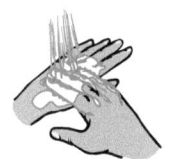

lavar

мыць

la ducha de mano

ручны душ

la ducha íntima

інтымны душ

la pila

умывальнік

el cepillo de espalda

шчотка для спіны

el jabón

мыла

el gel de ducha

гель для душа

el champú

шампунь

la toallita

вяхотка

el desagüe

вадасцёк

la crema

крэм

el desodorante

дэзадарант

el espejo

люстэрка

el espejo de tocador

касметычнае люстэрка

la maquinilla de afeitar

станок для галення

la espuma de afeitar

пена для галення

la loción postafeitado

ласьён пасля галення

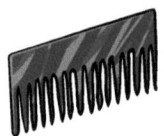

el peine

грэбень

el cepillo

шчотка

el secador

фен

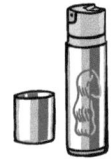

la laca

лак для валасоў

el maquillaje

касметыка

el pintalabios

памада

el pintauñas

лак для пазногцяў

el algodón

вата

el cortauñas

манікюрныя нажніцы

el perfume

духі

el estuche de viaje

касметычка

la banqueta

табурэтка

la balanza

вагі

el albornoz

лазневы халат

los guantes de goma

санітарныя пальчаткі

el tampón

тампон

la compresa

гігіенічныя пракладкі

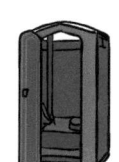

el inodoro químico

біятуалет

la habitación de los niños

дзіцячы пакой

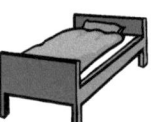

el despertador
будзільнік
el peluche
мяккая цацка
el coche de juguete
цацачная машынка
el sonajero
бразготка
la casa de muñecas
лялечны домік
el regalo
падарунак

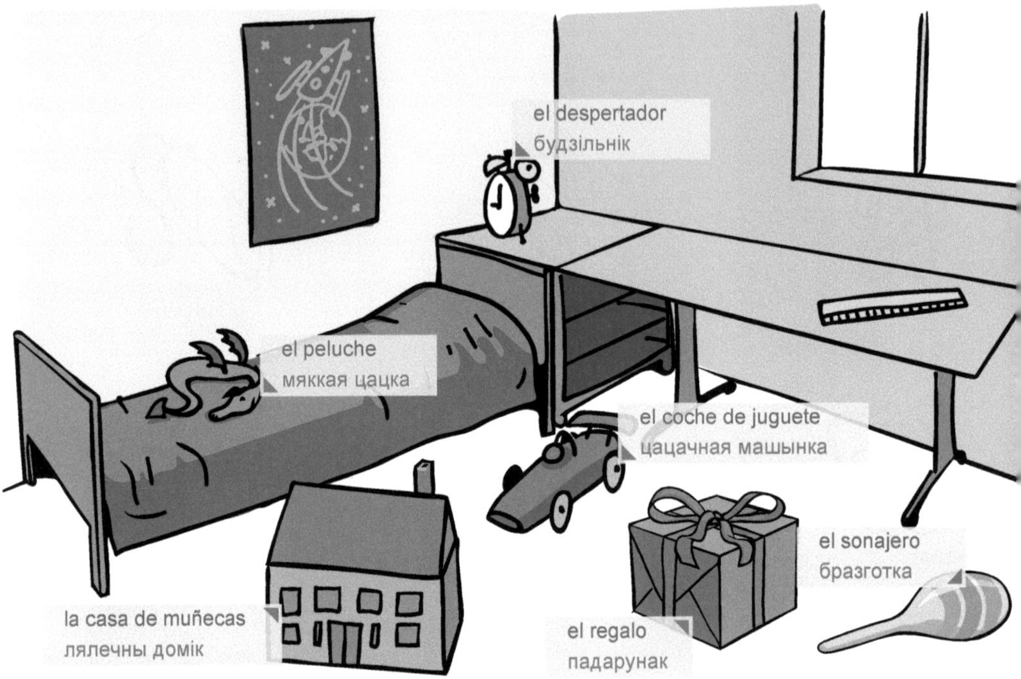

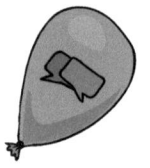

el globo

надзіманы шарык

la cama

ложак

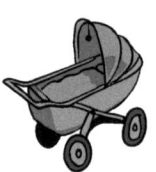

el coche de niño

дзіцячая каляска

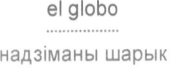

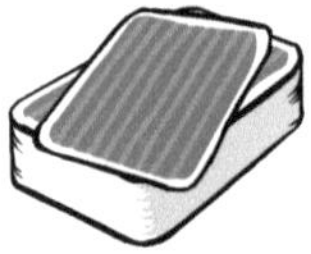

los naipes

калода картаў

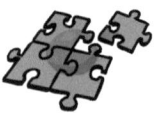

el puzle

пазл

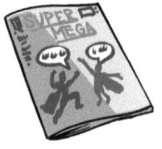

el tebeo

комікс

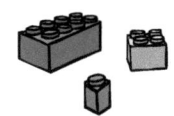

las piezas de lego

канструктар "Лега"

los bloques de juguete

канструктар

la figura de acción

экшэн-фігурка

el bodi (de bebé)

дзіцячы гарнітур

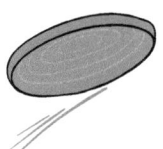

el frisbee

фрызбі

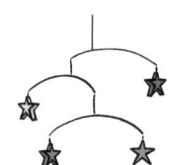

el colgador móvil para bebés

дзіцячы мабіль

el juego de mesa

настольная гульня

los dados

кубік

el circuito de tren eléctrico

дзіцячая чыгунка

el maniquí

пустышка

la fiesta

дзіцячае свята

el álbum de fotos

кніга з малюнкамі

la pelota

мячык

la muñeca

лялька

jugar

гуляцца

el cajón de arena

пясочніца

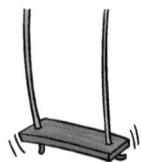

el columpio

арэлі

los juguetes

цацкі

la videoconsola

гульнявая відэа прыстаўка

el triciclo

трохколавы ровар

el oso de peluche

плюшавы мішка

la guardarropa

шафа

la ropa

адзенне

los calcetines

шкарпэткі

las medias

панчохі

los leotardos

калготкі

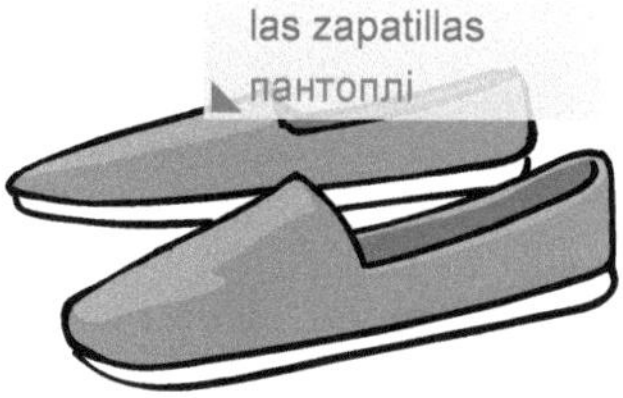

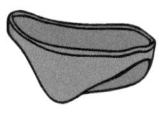

la bufanda
шалік

el paraguas
парасон

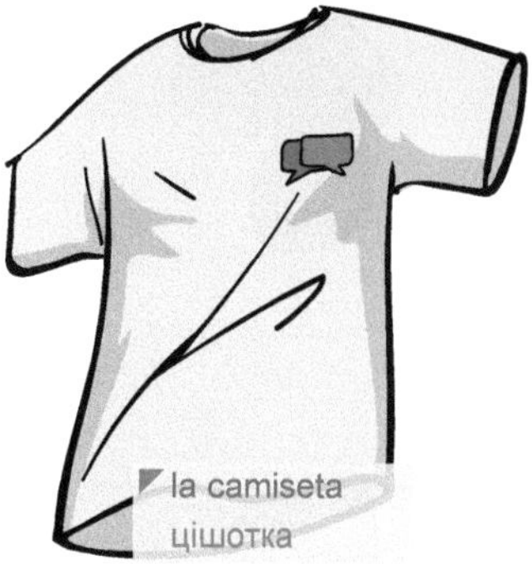

la camiseta
цішотка

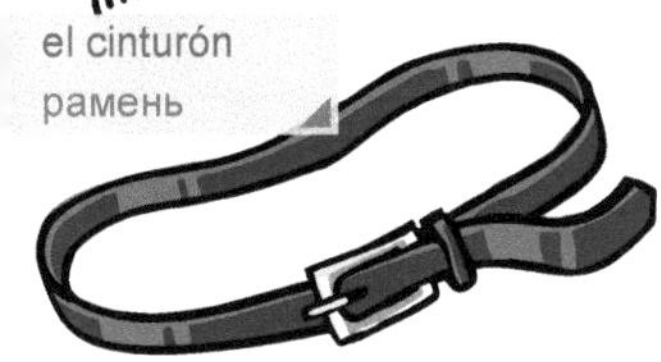

el cinturón
рамень

las botas
боты

las zapatillas
пантоплі

las deportivas
красоўкі

las sandalias
сандалі

los zapatos
абутак

las botas de goma
гумовыя боты

el slip
трусы

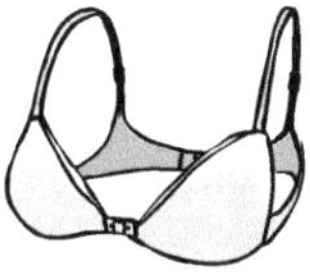

el sostén
бюстгальтар

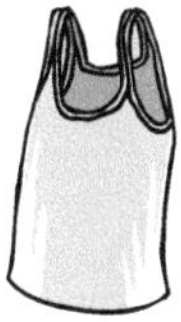

el chaleco
майка

el bodi

бодзі

los pantalones cortos

штаны

los vaqueros

джынсы

la falda

спадніца

la blusa

блузка

la camisa

кашуля

el jersey

джэмпер

el suéter

талстоўка

el blazer

блэйзер

la chaqueta

куртка

el abrigo

паліто

la gabardina

дажджавік

el traje

касцюм

el vestido

сукенка

el vestido de novia

вясельная сукенка

el traje

касцюм

el camisón

начная сарочка

el pijama

піжама

el sati

сары

el bandana

хустка

el turbante

цюрбан

la burka

паранджа

el caftán

каптан

la abaya

Абая

el traje de baño

купальнік

el bañador

плаўкі

los pantalones cortos

шорты

el chándal

спартыўны касцюм

el delantal

фартух

los guantes

пальчаткі

el botón

гузік

las gafas

акуляры

el brazalete

бранзалет

el collar

каралі

el anillo

кальцо

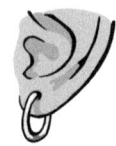

el pendiente

завушніца

la gorra

кепка

la percha

вешалка

el sombrero

капялюш

la corbata

гальштук

la cremallera

маланка

el casco

шлем

los tirantes

падцяжкі

el uniforme

школьная форма

el uniforme

уніформа

el babero

нагруднік

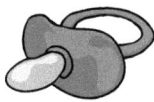

el maniquí

пустышка

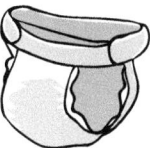

el pañal

падгузнік

la oficina
офіс

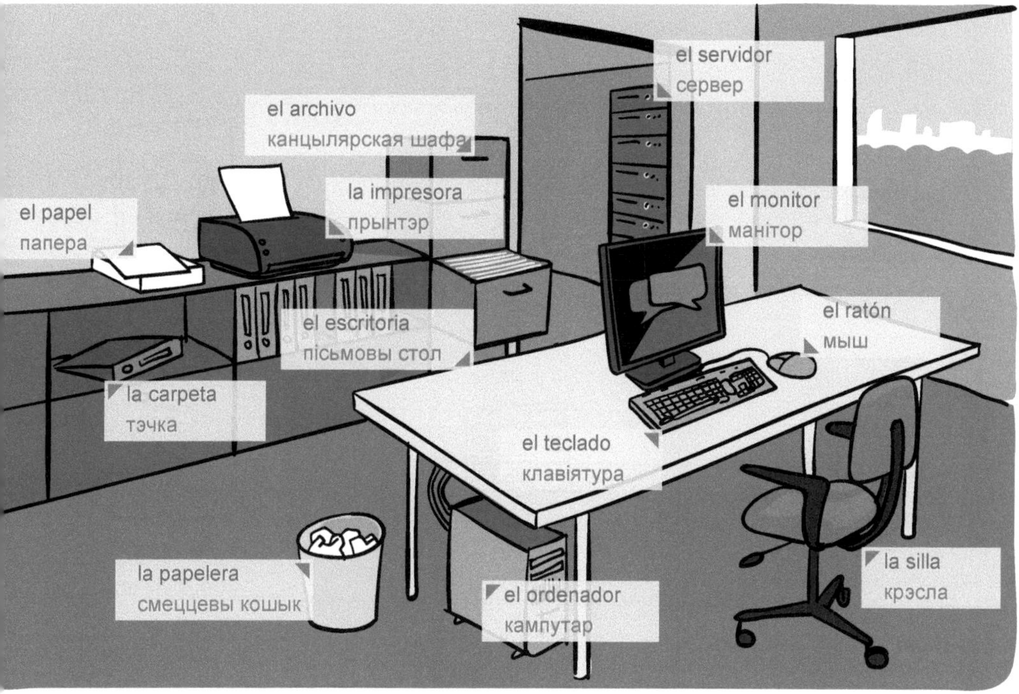

el servidor

сервер

el archivo

канцылярская шафа

el papel

папера

la impresora

прынтэр

el monitor

манітор

el escritoria

пісьмовы стол

el ratón

мыш

la carpeta

тэчка

el teclado

клавіятура

la papelera

смеццевы кошык

el ordenador

кампутар

la silla

крэсла

la taza de café

бак для кавы (філіжанка)

la calculadora

калькулятар

el internet

інтэрнэт

la oficina - офіс

49

el portátil

ноўтбук

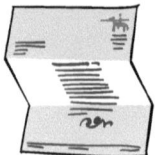

la carta

ліст

el mensaje

паведамленне

el móvil

мабільны тэлефон

la red

сетка

la fotocopiadora

ксеракс

el software

праграмнае забеспячэнне

el teléfono

тэлефон

la toma de corriente

разетка

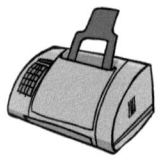

el fax

факс

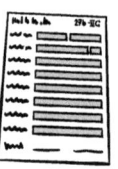

el formulario

фармуляр

el documento

дакумент

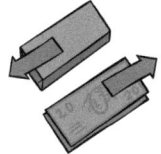

comprar

купляць

pagar

плаціць

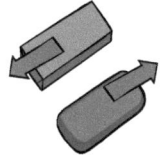

comerciar

гандляваць

el dinero

грошы

el dólar

долар

el euro

еўра

el yen

ена

el rublo

рубель

el franco suizo

франк

el renminbi yuan

кітайскі юань

la rupia

рупія

el cajero automático

банкамат

la oficina de cambio de divisas

абменны пункт

el oro

золата

la plata

срэбра

el petróleo

нафта

la energía

энергія

el precio

цана

el contrato

кантракт

el impuesto

падатак

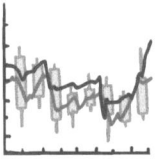

la acción

акцыя

trabajar

працаваць

el empleador

служачы

el empleador

працадаўца

la fábrica

фабрыка

la tienda de campaña

крама

los oficios
прафесii

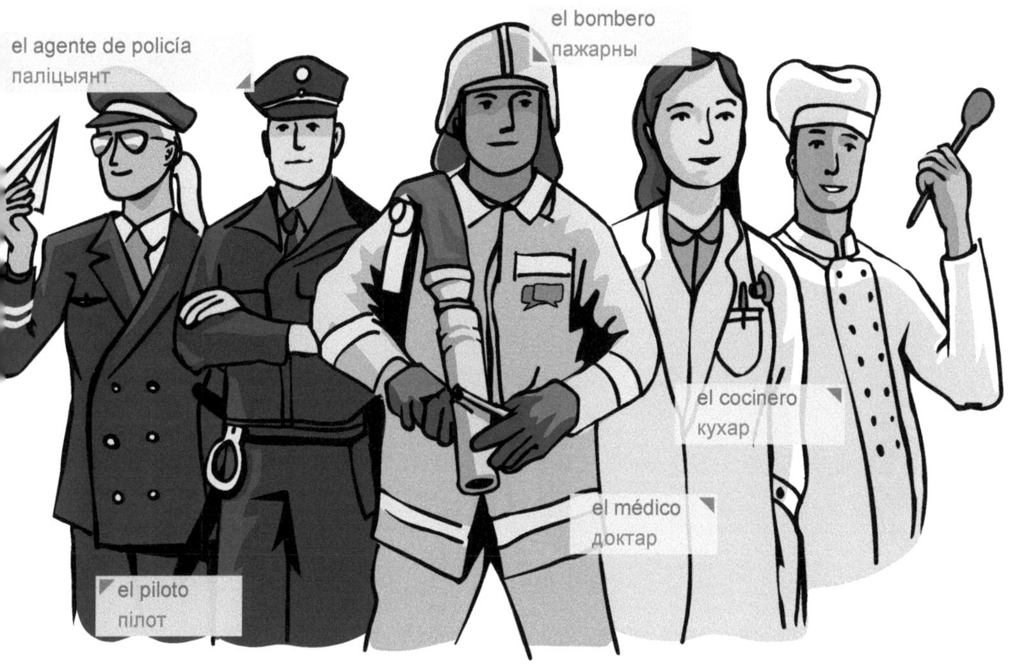
el agente de policía
паліцыянт
el bombero
пажарны
el cocinero
кухар
el médico
доктар
el piloto
пілот

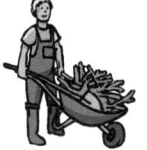

el jardinero

садоўнік

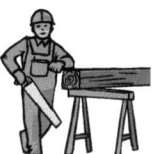

el carpintero

слесар

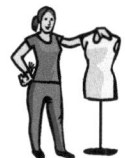

la costurera

швачка

el juez

суддзя

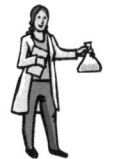

el farmacéutico

хімік

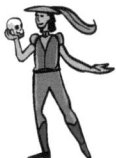

el actor

артыст

el conductor de autobús	el taxista	el pescador
кіроўца аўтобуса	таксіст	рыбак

la señora de la limpieza	el techador	el camarero
прыбіральшчыца	страхар	афіцыянт

el cazador	el pintor	el panadero
паляўнічы	мастак	пекар

el electricista	el obrero	el ingeniero
электрык	будаўнік	інжынер

el carnicero	el fontanero	el cartero
мяснік	сантэхнік	паштальён

el soldado

салдат

el arquitecto

архітэктар

el cajero

касір

el florista

фларыст

el peluquero

цырульнік

el revisor

кандуктар

el mecánico

механік

el capitán

капітан

el dentista

стаматолаг

el científico

вучоны

el rabino

рабін

el imán

імам

el monje

манах

el sacerdote

святар

las herramientas

інструменты

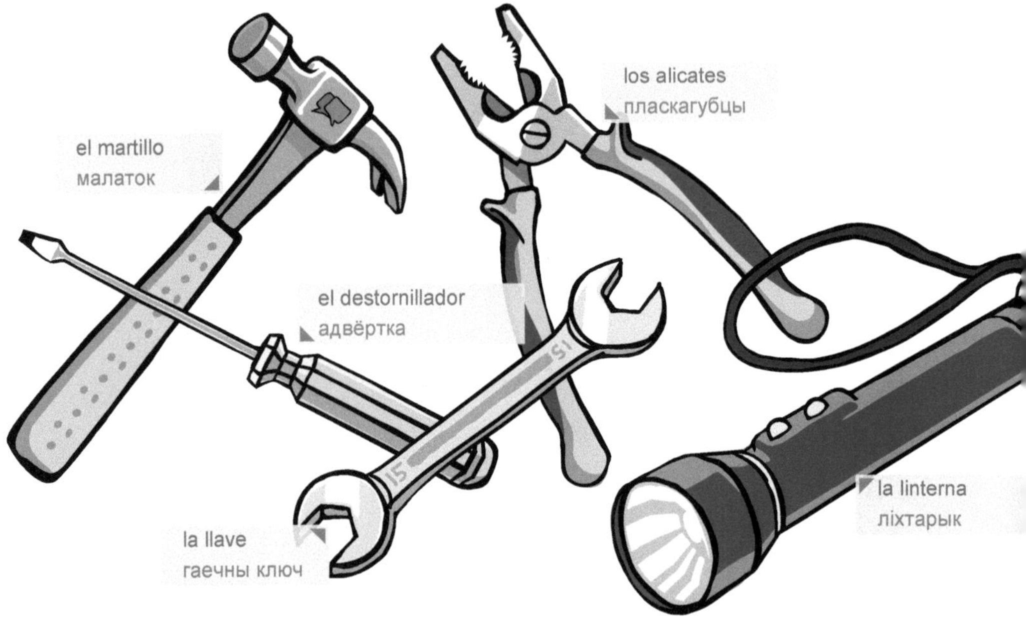
los alicates
плаcкагубцы
el martillo
малаток
el destornillador
адвёртка
la linterna
ліхтарык
la llave
гаечны ключ

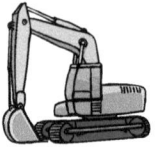

la excavadora

экскаватар

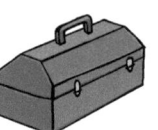

la caja de herramientas

скрыня для інструментаў

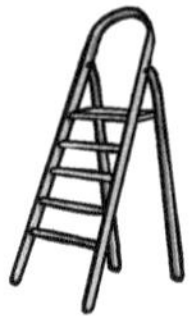

la escalera de mano

дравіны

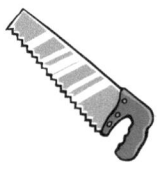

la sierra

піла

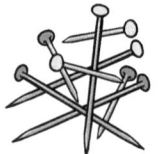

los clavos

цвікі

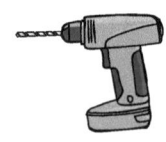

el taladro

дрыль

reparar

рамантаваць

la pala

рыдлеўка

¡Maldita sea!

Халера!

el recogedor

шуфлік для смецця

el bote de pintura

вядро з фарбаю

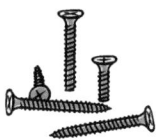

los tornillos

балты

los instrumentos musicales
музычныя інструменты

la batería
ударны інструмент

el altavoz
калонкі

el contrabajo
кантрабас

la trompeta
труба

la guitarra
гітара

el piano

піяніна

el violín

скрыпка

bajo

басгітара

los timbales

літаўры

el tambor

барабан

el teclado

клавішны электрамузычны інструмент

el saxofón

саксафон

la flauta

флейта

el micrófono

мікрафон

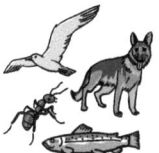

el zoo

заапарк

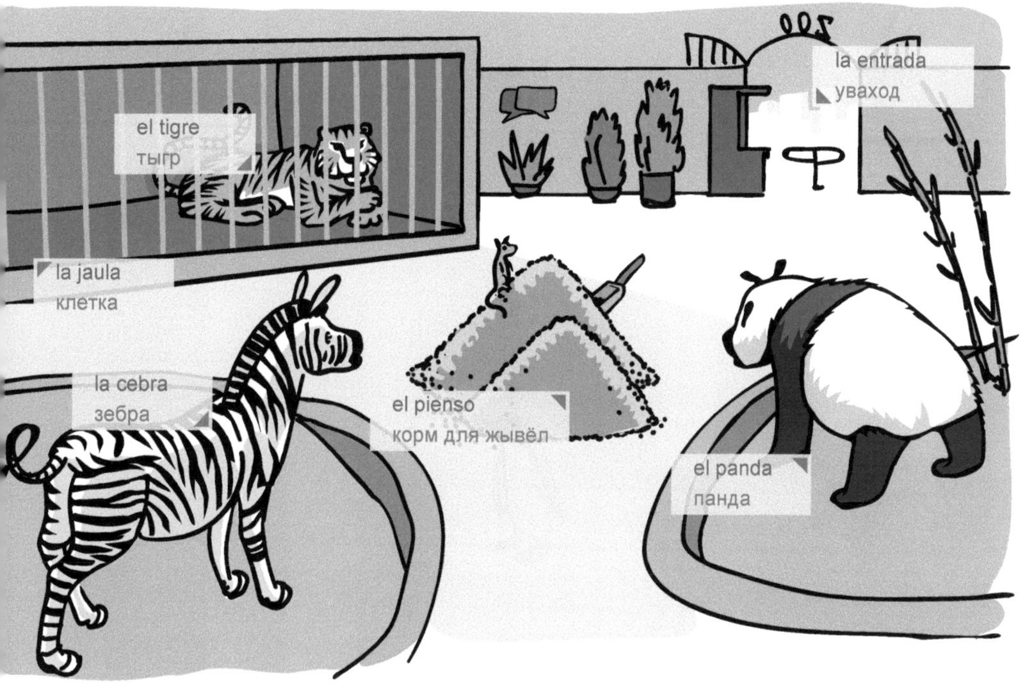

el tigre
тыгр
la entrada
уваход
la jaula
клетка
la cebra
зебра
el pienso
корм для жывёл
el panda
панда

los animales

жывёлы

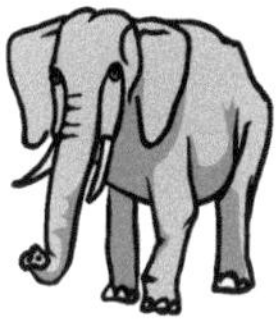

el elefante

слон

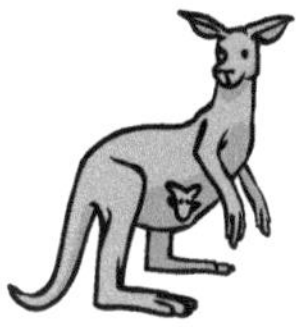

el canguro

кенгуру

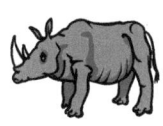

el rinoceronte

насарог

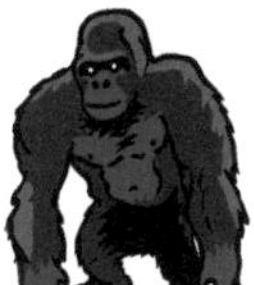

el gorila

гарыла

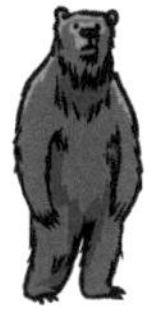

el oso

мядзведзь

el camello

вярблюд

el avestruz

стравус

el león

леў

el mono

малпа

el flamingo

фламінга

el loro

папугай

el oso polar

белы мядзведзь

el pingüino

пінгвін

el tiburón

акула

el pavo real

паўлін

la serpiente

змяя

el cocodrilo

кракадзіл

el guardián de zoológico

наглядчык заапарка

la foca

цюлень

el jaguar

ягуар

el poni

поні

el leopardo

леапард

el hipopótamo

бегемот

la jirafa

жыраф

el águila

арол

el jabalí

дзік

el pescado

рыбак

la tortuga

чарапаха

la morsa

морж

el zorro

ліса

la gacela

газель

los deportes
спорт

el fútbol americano
амерыканскі футбол

el ciclismo
веласпорт

el tenis
тэніс

el baloncesto
баскетбол

la natación
плаванне

el hockey sobre hielo
хакей з шайбай

el boxeo
бокс

el fútbol
футбол

el bádminton
бадмінтон

el atletismo
лёгкая атлетыка

el balonmano
гандбол

el esquí
горныя лыжы

el polo
пола

las actividades
дзейнасць

reír
смяяцца
saltar
скакаць
abrazar
абдымацц
caminar
ісці
cantar
спяваць
soñar
марыць
rezar
маліцца
besar
цалаваць

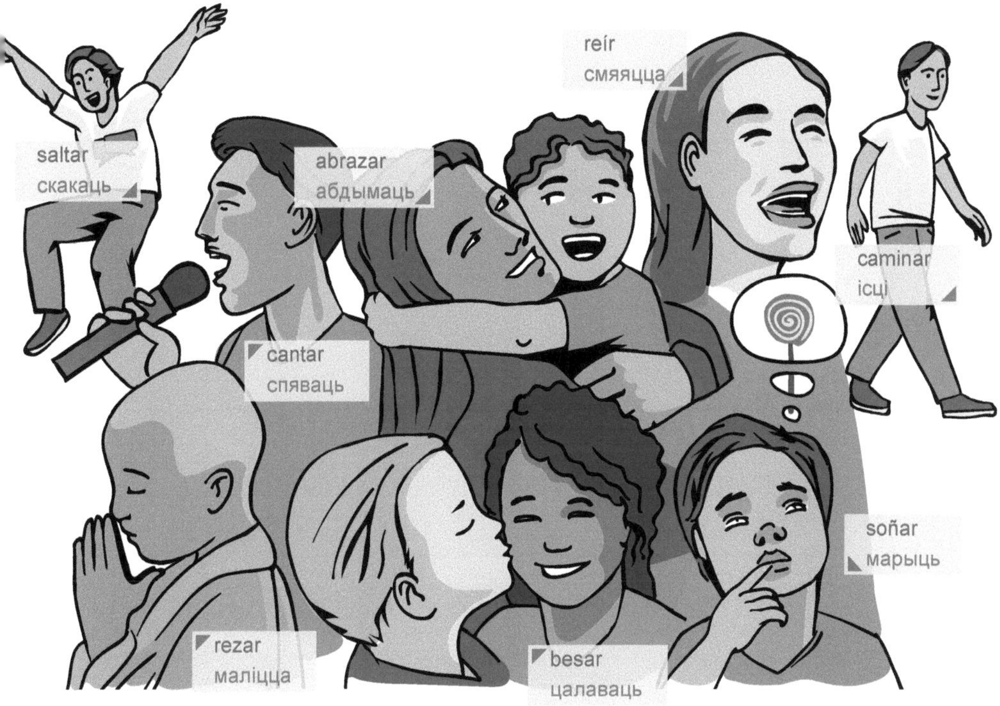

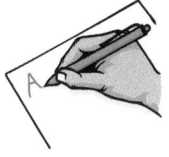

escribir

пісаць

dibujar

маляваць

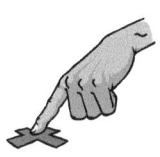

mostrar

паказваць

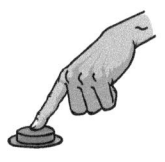

empujar

націснуць

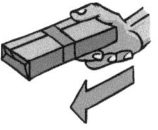

dar

даваць

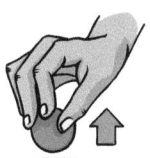

tomar

браць

tener

маць

hacer

выконваць

ser

быць

estar de pie

стаяць

correr

бегчы

tirar

цягнуць

tirar

кідаць

caer

падаць

yacer

ляжаць

esperar

чакаць

llevar

насіць

estar sentado

сядзець

vestirse

апранацца

dormir

спаць

despertar

прачынацца

mirar

глядзець

llorar

плакаць

acariciar

лашчыць

peinar

прычэсвацца

hablar

гаварыць

entender

разумець

preguntar

пытаць

escuchar

чуць

beber

піць

comer

есці

ordenar

прыбіраць

amar

кахаць

cocinar

гатаваць

conducir

ехаць

volar

лятаць

navegar

плаваць пад ветразем

calcular

лічыць

leer

чытаць

aprender

вучыць

trabajar

працаваць

casarse

уступаць у шлюб

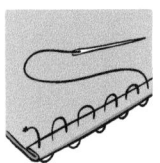

coser

шыць

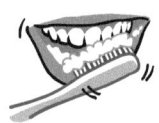

cepillarse los dientes

чысціць зубы

matar

забіваць

fumar

курыць

enviar

пасылаць

la familia

сям'я

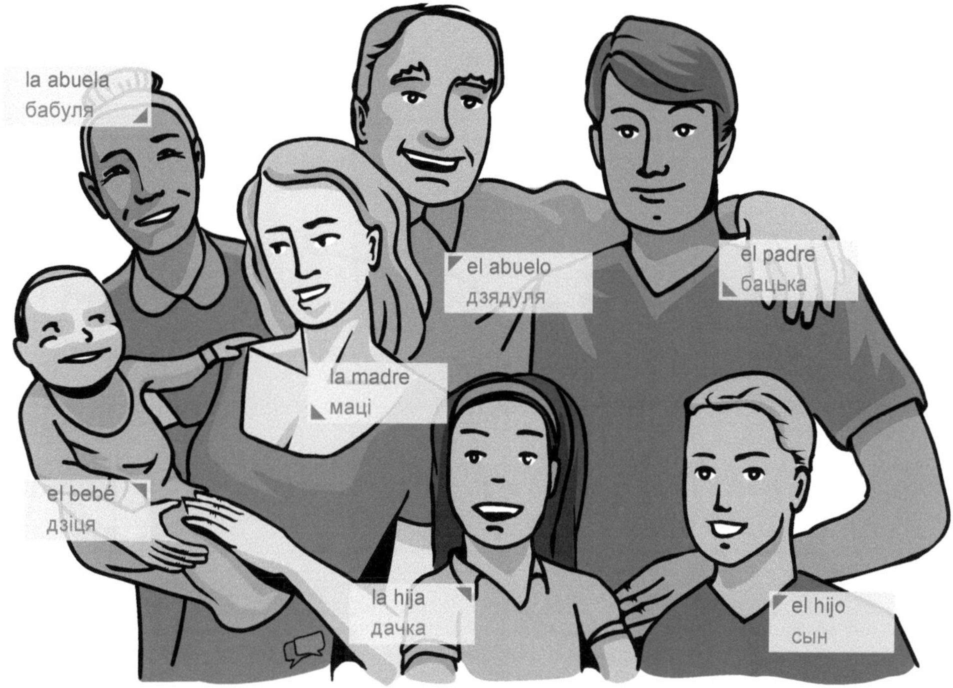
la abuela
бабуля
el abuelo
дзядуля
el padre
бацька
la madre
маці
el bebé
дзіця
la hija
дачка
el hijo
сын

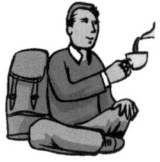

el invitado

госць

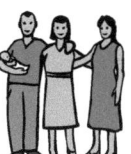

la tía

цётка

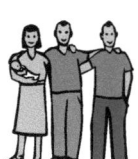

el tío

дзядзька

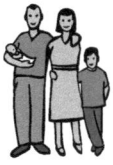

el hermano

брат

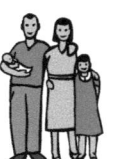

la hermana

сястра

el cuerpo
цела

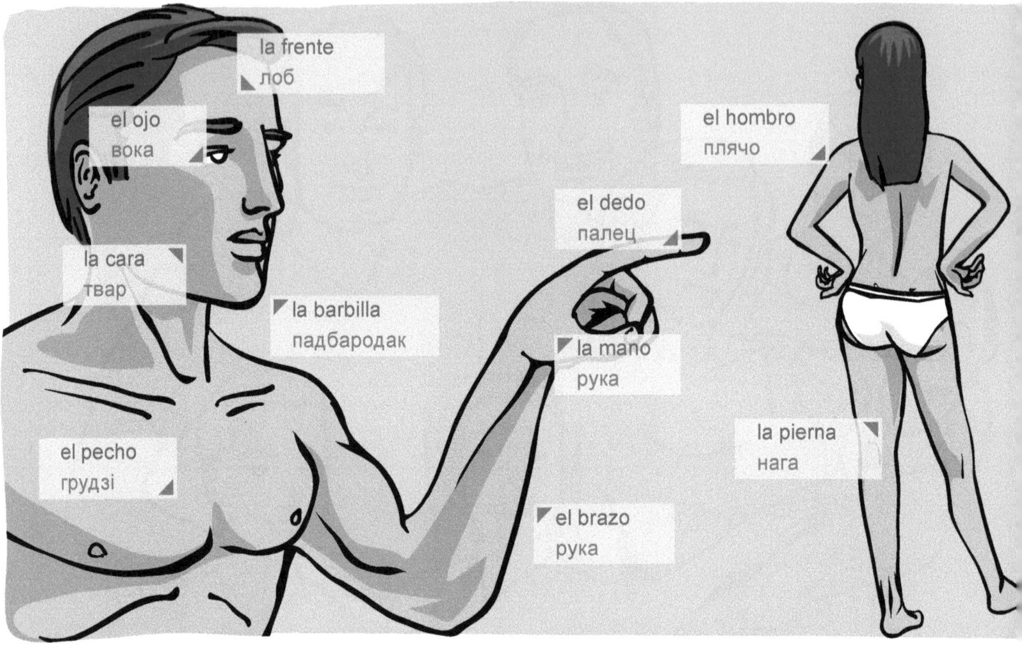

la frente
лоб

el ojo
вока

el hombro
плячо

la cara
твар

el dedo
палец

la barbilla
падбародак

la mano
рука

el pecho
грудзі

la pierna
нага

el brazo
рука

el bebé
дзіця

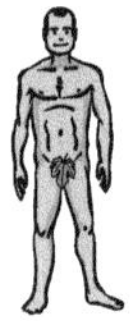

el hombre
мужчына

la mujer
жанчына

la chica
дзяўчынка

el chico
хлопчык

la cabeza
галава

68

el cuerpo - цела

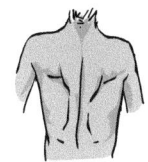

la espalda

спіна

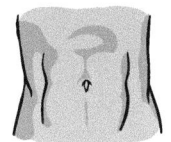

el vientre

жывот

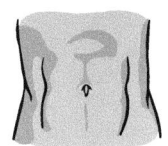

el ombligo

пуп

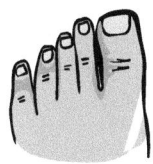

el dedo del pie

палец нагі

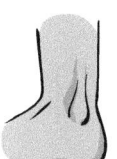

el talón

пятка

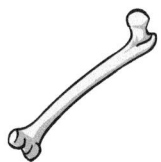

el hueso

костка

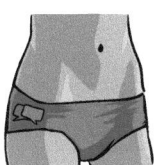

la cadera

бядро

la rodilla

калена

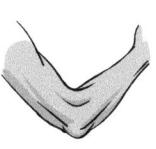

el codo

локаць

la nariz

нос

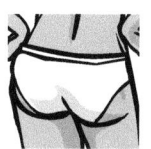

el trasero

ягадзіца

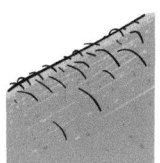

la piel

скура

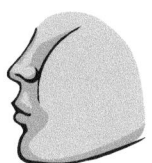

la mejilla

шчака

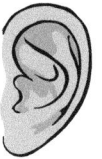

el oído

вуха

el labio

губа

la boca

рот

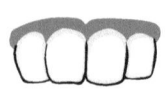

el diente

зуб

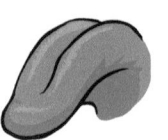

la lengua

язык

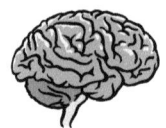

el cerebro

галаўны мозг

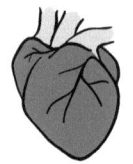

el corazón

сэрца

el músculo

мышца

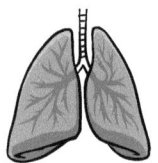

el pulmón

лёгкае

el hígado

пячонка

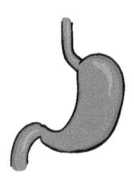

el estómago

страўнік

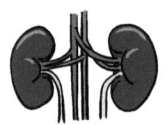

los riñones

ныркі

el sexo

сэкс

el condón

прэзерватыў

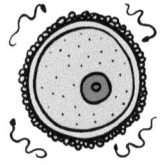

el ovario

яйцаклетка

el semen

сперма

el embarazo

цяжарнасць

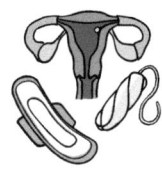

la menstruación

менструацыя

la vagina

похва

el pene

пеніс

la ceja

брыво

el pelo

валасы

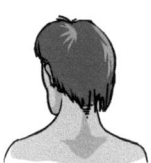

el cuello

шыя

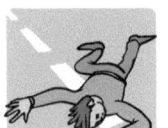

el hospital

шпіталь

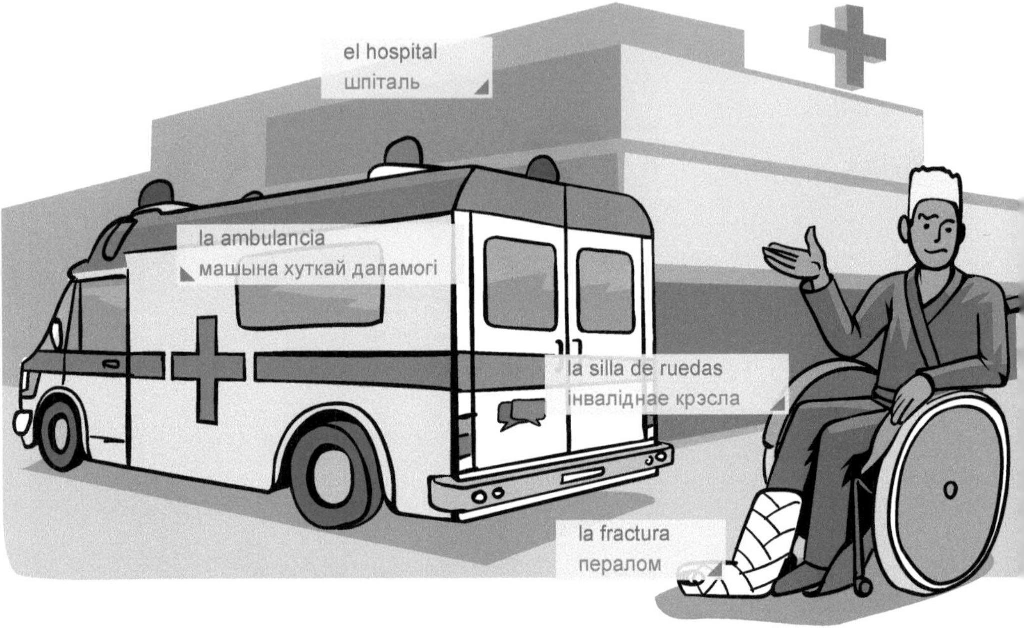

el hospital
шпіталь
la ambulancia
машына хуткай дапамогі
la silla de ruedas
інваліднае крэсла
la fractura
пералом

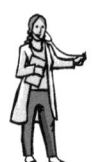

el médico

доктар

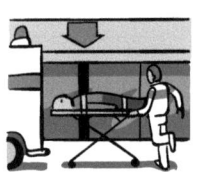

la sala de urgencias

аддзяленне першай дапамогі

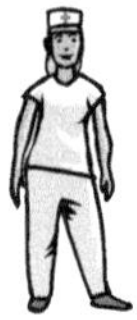

la enfermera

медсястра

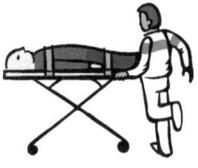

la urgencia

экстраная дапамога

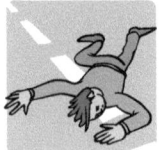

inconsciente

непрытомны

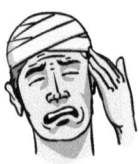

el dolor

боль

la lesión

траўма

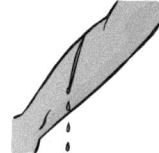

la hemorragia

крывацёк

el infarto

інфаркт

el ictus

апаплексія

la alergia

алергія

la tos

кашаль

la fiebre

гарачка

la gripe

грып

la diarrea

панос

el dolor de cabeza

галаўны боль

el cáncer

рак

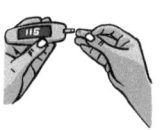

la diabetes

дыябет

el cirujano

хірург

el bisturí

скальпель

la operación

аперацыя

TAC

KT

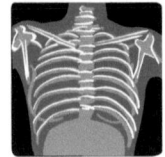

los rayos x

рэнтген

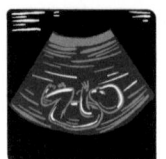

el ultrasonido

ультрагук

la mascarilla

маска

la enfermedad

хвароба

la sala de espera

пачакальня

la muleta

мыліца

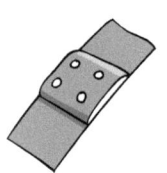

la tirita

пластыр

la venda

бінт

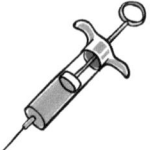

la inyección

ін'екцыя

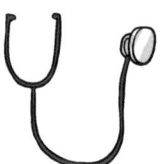

el estetoscopio

стэтаскоп

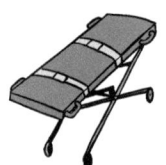

la camilla

насілкі

el termómetro

градуснік

el nacimiento

нараджэнне

el sobrepeso

лішняя вага

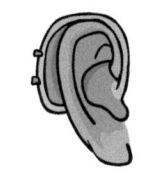

el audífono

слухавы апарат

el desinfectante

дэзінфекцыйны сродак

la infección

інфекцыя

el virus

вірус

VIH / SIDA

ВІЧ/СНІД

la medicina

лекі

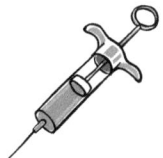

la vacunación

прышчэпка

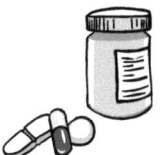

las tabletas

таблеткі

la pastilla

супрацьзачаткавая таблетка

la llamada de urgencia

экстраны выклік

el tensiómetro

танометр

enfermo / sano

хворы / здаровы

¡Socorro!

Ратуйце!

la alarma

сігналізацыя

el asalto

напад

el ataque

атака

el peligro

небяспека

la salida de emergencia

аварыйны выхад

¡Fuego!

Пажар!

el extintor de incendios

вогнетушыцель

el accidente

аварыя

el botiquín de primeros auxilios

аптэчка

SOS

СОС

la policía

паліцыя

Europa

Еўропа

Norteamérica

Паўночная Амерыка

Sudamérica

Паўднёвая Амерыка

África

Афрыка

Asia

Азія

Australia

Аўстралія

el atlántico

Атлантычны акіян

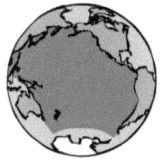

el Pacífico

Ціхі акіян

el Océano Índico

Індыйскі акіян

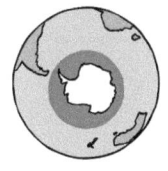

el Océano Antártico

Паўднёвы ледавіты акіян

el Océano Ártico

Паўночны ледавіты акіян

el polo norte

Паўночны полюс

el polo sur

Паўднёвы полюс

La Antártida

Антарктыда

la tierra

Зямля

la tierra

краіна

el mar

мора

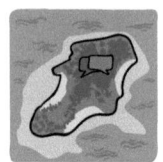

la isla

востраў

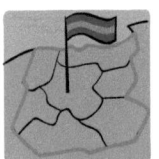

la nación

нацыя

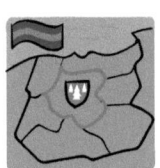

el estado

дзяржава

la esfera

цыферблат

la manecilla de las horas

гадзінная стрэлка

el minutero

хвілінная стрэлка

el segundero

секундная стрэлка

¿Qué hora es?

Колькі часу?

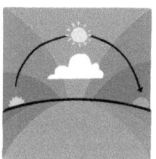

el día

дзень

el tiempo

час

ahora

зараз

el reloj digital

электронны гадзіннік

el minuto

хвіліна

la hora

гадзіна

la semana

тыдзень

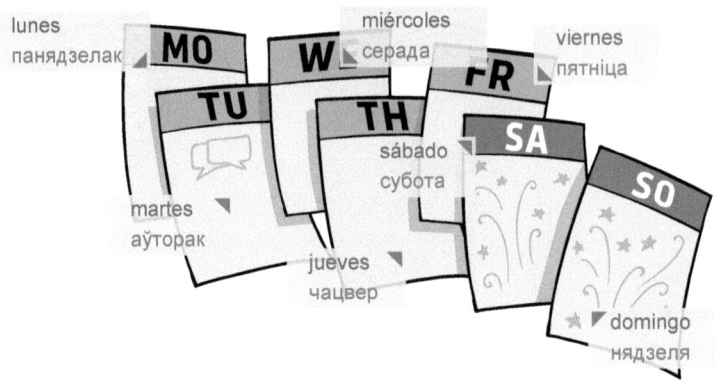

lunes
панядзелак

miércoles
серада

viernes
пятніца

martes
аўторак

jueves
чацвер

sábado
субота

domingo
нядзеля

ayer

ўчора

hoy

сёння

mañana

заўтра

la mañana

раніца

el mediodía

абед

la tarde

вечар

los días laborables

працоўныя дні

el fin de semana

выхадныя

el año

год

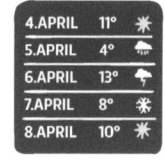

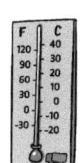

la lluvia
дождж
el arcoíris
вясёлка
la nieve
снег
el viento
вецер
la primavera
вясна
el otoño
восень
el verano
лета
el invierno
зіма

4.APRIL 11°
5.APRIL 4°
6.APRIL 13°
7.APRIL 8°
8.APRIL 10°

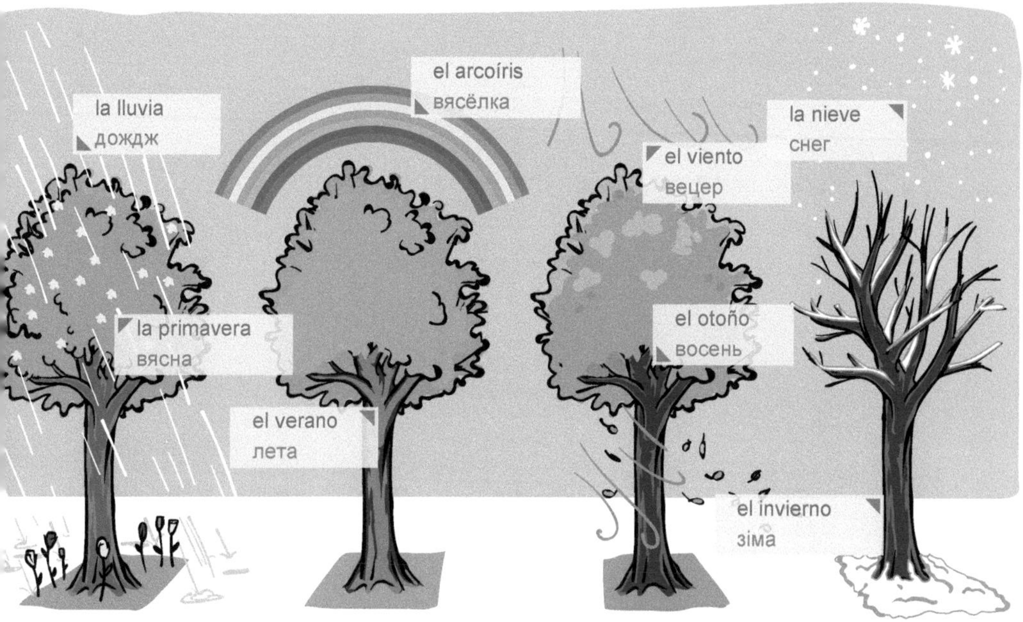

el pronóstico del tiempo

прагноз надвор'я

F C
120 40
90 30
60 20
30 10
0 0
-30 -10
-20

el termómetro

градуснік

el sol

сонечнае святло

la nube

воблака

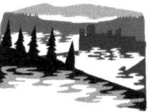

la niebla

туман

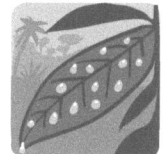

la humedad

вільготнасць паветра

el rayo

маланка

el trueno

гром

la tormenta

бура

el granizo

град

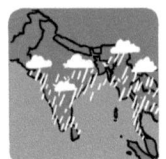

el monzón

мусонны вецер

la inundación

прыліў

el hielo

лёд

enero

студзень

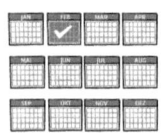

febrero

люты

marzo

сакавік

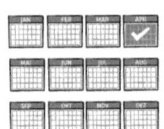

abril

красавік

mayo

май

junio

чэрвень

julio

ліпень

agosto

жнівень

el año - год

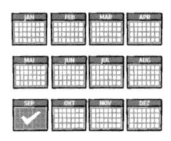

septiembre

верасень

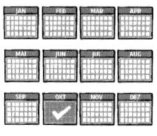

octubre

кастрычнік

noviembre

лістапад

diciembre

снежань

las formas

формы

el círculo

круг

el cuadrado

квадрат

el rectángulo

прамавугольнік

el triángulo

трохвугольнік

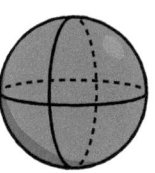

la esfera

шар

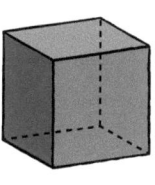

el cubo

куб

blanco

белы

amarillo

жоўты

anaranjado

аранжавы

rosa

ружовы

rojo

чырвоны

morado

фіялетавы

azul

сіні

verde

зялёны

marrón

карычневы

gris

шэры

negro

чорны

mucho / poco

шмат / мала

enojado / tranquilo

злы / добры

bonito / feo

прыгожы / брыдкі

principio / fin

пачатак / канец

grande / pequeño

высокі / малы

claro / oscuro

светлы / цёмны

el hermano / la hermana

сястра / брат

limpio / sucio

чысты / брудны

completo / incompleto

поўны / няпоўны

el día / la noche

дзень / ноч

muerto / vivo

мёртвы / жывы

ancho / estrecho

шырокі / вузкі

comestible / no comestible

ядомы / неядомы

malo / amable

злы / добры

entusiasmado / aburrido

узбуджаны / нудны

gordo / delgado

тоўсты / тонкі

primero / último

першы / апошні

el amigo / el enemigo

сябар / вораг

lleno / vacío

поўны / пусты

duro / blando

цвёрды / мяккі

pesado / ligero

важкі / лёгкі

el hambre / la sed

голад / смага

enfermo / sano

хворы / здаровы

ilegal / legal

нелегальны / легальны

inteligente / tonto

разумны / дурны

izquierda / derecha

левы / правы

cerca / lejos

побач / далёка

nuevo / usado

...овы / былы ва ўжыванні

nada / algo

нічога / нешта

viejo / joven

стары / малады

encendido / apagado

укл / выкл

abierto / cerrado

адчынены / зачынены

silencioso / ruidoso

ціхі / гучны

rico / pobre

багаты / бедны

correcto / incorrecto

правільна / няправільна

áspero / suave

шурпаты / гладкі

triste / contento

сумны / шчаслівы

corto / largo

кароткі / доўгі

lento / rápido

павольны / хуткі

húmedo / seco

вільготны / сухі

cálido / frío

цёплы / халаднаваты

guerra / paz

вайна / мір

los números

лічбы

0
cero
нуль

1
uno
адзін

2
dos
два

3
tres
тры

4
cuatro
чатыры

5
cinco
пяць

6
seis
шэсць

7
siete
сем

8
ocho
восем

9
nueve
дзевяць

10
diez
дзесяць

11
once
адзінаццаць

12

doce

дванаццаць

13

trece

трынаццаць

14

catorce

чатырнаццаць

15

quince

пятнаццаць

16

dieciséis

шаснаццаць

17

diecisiete

сямнаццаць

18

dieciocho

васямнаццаць

19

diecinueve

дзевятнаццаць

20

veinte

дваццаць

100

cien

сто

1.000

mil

тысяча

1.000.000

el millón

мільён

el inglés

англійская

el inglés americano

англійская (Амерыка)

el chino madarín

кітайская мандарынская

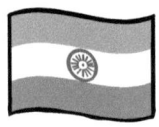

el hindi

хіндзі

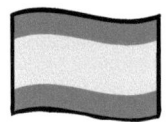

el español

іспанская

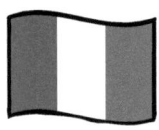

el francés

французская

el árabe

арабская

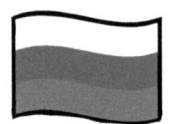

el ruso

руская

el portugués

партугальская

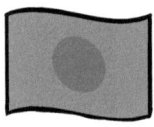

el bengalí

бенгальская

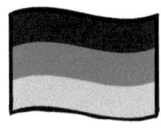

el alemán

нямецкая

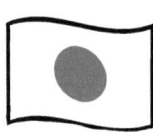

el japonés

японская

yo

я

tú

ты

él / ella / ello

ён / яна / яно

nosotros/as

мы

vosotros/as

вы

ellos/as

яны

¿quién?

хто?

¿qué?

што?

¿cómo?

як?

¿dónde?

дзе?

¿cuándo?

калі?

el nombre

імя

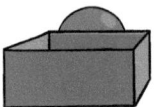

detrás

за

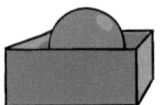

en

у

delante de

перад

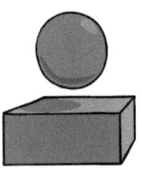

por encima de

над

sobre

на

debajo de

пад

junto a

каля

entre

паміж

el lugar

месца